23 avril 1852.

CATALOGUE

D'UNE BELLE COLLECTION

DE

TABLEAUX

MODERNES,

MINIATURES, AQUARELLES ET DESSINS,

Provenant du Cabinet de M. *

DONT LA VENTE SE FERA

Le Vendredi 23 Avril 1852, à midi,

HOTEL DES VENTES MOBILIÈRES,

RUE DES JEUNEURS, N° 42,

Salle n. 1,

Par le ministère de M° **RIDEL**, Commissaire-Priseur,
rue Saint-Honoré, n° 335,

Assisté de M. **F. PETIT**, Appréciateur,
rue Drouot, n° 2.

EXPOSITION PUBLIQUE

LE JEUDI 22 AVRIL 1852, VEILLE DE LA VENTE.

Exemplaire de Beurdeley père.

PARIS

IMPRIMERIE ET LITHOGRAPHIE DE MAULDE ET RENOU,
Rue des Fossés-Saint-Germain-l'Auxerrois, 14.

1852

CONDITIONS DE LA VENTE :

Elle sera faite au comptant.

Les acquéreurs paieront, en sus des adjudications, cinq pour cent applicables aux frais.

LE PRÉSENT CATALOGUE SE DISTRIBUE

A Paris, chez MM. { Ridel, Commissaire-Priseur, rue St-Honoré, 335 ;
F. Petit, Appréciateur, rue Drouot, 2.

A Bruxelles, Géruzet, rue de l'Ecuyer, 27.

DÉSIGNATION
DES
AQUARELLES ET DESSINS.

ANTONIN MOINE.

1 — Souvenir d'Orient. Pastel.

BARON.

2 — La jeune mère.
3 — Les Papillons.

BEAUMONT (DE).

4 — Origine de la gravure sur bois.

BONHEUR (ROSA).

5 — Intérieur de bois avec animaux.

CHARLET.

6 — Napoléon et son fils.
7 — Un Soldat de la vieille garde.

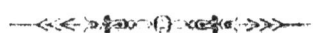

DAVID (Louis).

8 — La Promenade au parc.

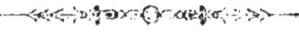

DECAMPS.

9 — Souvenir de Constantinople.
10 — Femme d'Unterseen.
11 — Enfants traversant un gué.
12 — Un Turc.

DE DREUX (Alfred).

13 — La Promenade.

DELACROIX (Aug.).

14 — Port de Boulogne.

— 8 —

DUBOIS (Th.).

15 — Côtes de Bretagne.

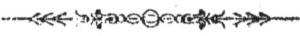

FLANDIN (Eug).

16 — Vue de Bayazid (Arménie).
17 — Vue de Rhodes.
18 — Rue des Chevaliers, à Rhodes.
19 — Cavaliers turcs passant une rivière.

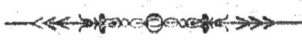

FLERS.

20 — Environs de la ville d'Eu. Pastel.

HOQUET.

21 — Plage à marée basse.
22 — Environs de Dunkerque.

LEBLANC (Ch.).

23 — Paysage, effet du soir. Pastel.
24 — Le Repos. Pastel.

PAPETY.

25 — Tête de jeune fille. Pastel.
26 — Odalisque.

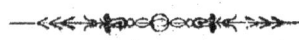

ROQUEPLAN.

27 — Le doux entretien.

SCHEFFER (Ary).

28 — Retour d'un soldat.
29 — Le Récit.
30 — Marguerite (de Faust).
31 — Sujet tiré de Walter Scott.

SEVRIN.

32 — La Leçon de lecture.

SIMEON FORT.

33 — Entrée de forêt.

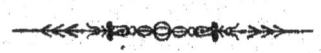

TESSON.

34 — Vue d'Alger.
35 — Fontaine aux environs d'Alger.

TABLEAUX

ANASTASI.

36 — Environs de Fontainebleau.
> Toile. — Haut., 21 c. Larg., 54 c.

BERCHÈRE.

37 — Mosquée de l'Alfeh, sur le Nil.
> Toile. — Haut., 59 c. Larg., 39 c.

38 — Embabeh, sur le Nil.
> Toile. — Haut., 45 c. Larg., 28 c.

39 — Arabes assis près d'une fontaine.
> Bois. — Haut., 28 c. Larg., 40 c.

BEAUME.

40 — La Leçon de lecture.
  Toile. — Haut., 40 c. Larg., 32 c.

41 — Un Tirailleur. Guerre d'Afrique.
  Toile. — Haut., 40 c. Larg., 32 c.

BERTIER (Eugène).

42 — Tentation de saint Antoine.
  Toile. — Haut., 40 c. Larg., 38 c.

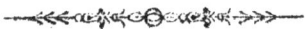

BONNEMAISON (de).

43 — Cheval de chasseur attaché à la porte d'un pavillon.
  Toile. — Haut., 24 c. Larg., 32 c.

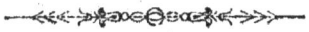

BRISSOT.

44 — Pâturages.
  Toile. — Haut., 24 c. Larg., 39 c.

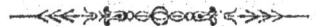

CABAT.

45 — Paysage, effet du matin.
  Toile — Haut., 18 c. Larg. 27 c.

CICERY (Eug.).

46 — Vue prise sur les bords de l'Oise.
　　　　　　　　Bois. — Haut., 23 c. Larg., 34 c.

47 — Ferme en Picardie.
　　　　　　　　Bois. — Haut., 18 c. Larg. 13 c.

48 — Vue prise aux environs de Paris.
　　　　　　　　Bois. — Haut., 42 c. Larg., 64 c.

49 — Saules.
　　　　　　　　Bois. — Haut., 23 c. Larg. 37 c.

CHAPLIN.

50 — Muletiers de la Lozère.
　　　　　　　　Toile. — Haut., 40 c. Larg., 29 c.

51 — La Lecture.
　　　　　　　　Toile. — Haut., 24 c. Larg., 19 c.

CHACATON.

52 — Vue prise au Caire.
　　　　　　　　Toile. — Haut., 65 c. Larg., 98 c.

COGNIARD.

53 — Vaches traversant un ruisseau.
　　　　　　　　Bois. — Haut., 24 c. Larg., 19 c.

COMTE.

54 — Les Confidences.

Bois. — Haut., 49 c. Larg., 41 c.

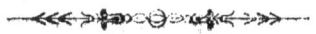

COUTURE.

55 — Bacchante.

Toile. — Haut., 52 c. Larg., 44 c.

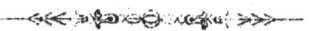

DAGNAN.

56 — Ancienne maison de Pétrarque, à Vaucluse.

Bois — Haut., 40 c. Larg., 32 c.

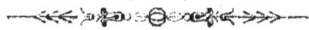

DAUBIGNY.

57 — Paysage, effet de soleil levant.

Bois. — Haut., 18 c. Larg., 28 c.

58 — Paysage, effet de soleil couchant.

Bois. — Haut., 18 c. Larg. 28 c.

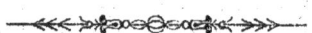

DECAMPS.

59 — Bûcheron sortant d'une forêt.

Toile. — Haut., 70 c. Larg., 54 c.

60 — Grecs derrière un rempart.

(Ce tableau a fait partie de la collection Thevenin.)

Toile. — Haut., 32 c., Larg., 39 c

61 — Le Singe musicien. Esquisse.
>   Toile. — Haut. 32 c. Larg., 40 c.

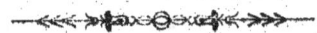

DECAISNE.

62 — Louis XIV et mademoiselle de Lavallière.
>   Bois. — Haut., 46 c. Larg., 38 c.

DE DREUX (ALFRED).

63 — Boule-dogue et Lévrier.
>   Toile. — Haut., 90 c. Larg., 115 c.

64 — Un Arabe à cheval.
>   Toile. — Haut., 80 c. Larg., 100 c.

DIAZ.

65 — Bohémiens écoutant les prédictions d'une jeune fille.
>   Toile. — Haut., 105 c. Larg., 75 c.

66 — Les Sorcières.
>   Bois. — Haut., 30 c. Larg., 21 c.

67 — Paysage avec animaux.
>   Bois. — Haut., 18 c. Larg., 23 c.

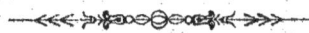

DORCY.

68 — Réunion de personnages dans un parc.
>   Bois. — Haut., 20 c. Larg., 15 c.

DUPRÉ (JULES).

69 — Paysage.

Toile. — Haut., 24 c. Larg., 19 c.

DUPRÉ (VICTOR).

70 — Souvenir de Bretagne.

Bois. — Haut., 28 c. Larg., 35 c.

FAVENRAAT.

71 — Paysage. Effet d'orage.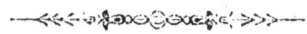

Bois. — Haut., 9 c. Larg., 14 c.

FLEURY (LÉON).

72 — Vue prise à Provins, la ville haute.

Bois. — Haut., 24 c. Larg., 36 c.

73 — Vue prise aux environs de Rotterdam.

Bois. — Haut., 24 c. Larg., 36 c.

FLEURY (ROBERT).

74 — Sénateur vénitien.

Bois. — Haut., 35 c. Larg, 26 c.

— 15 —

FONTENAY (ALEXIS DE).

75 — Vue prise à Pierrefitte, route de Luz à Gavarnie (Hautes-Pyrénées).

Toile. — Haut., 53 c. Larg., 81 c.

FRANÇAIS.

76 — Paysage. Soleil couchant.

Bois. — Haut., 18 c. Larg., 22 c.

FRÈRE (THÉODORE).

77 — Arabes à une fontaine.

Bois. — Haut., 26 c. Larg., 21 c.

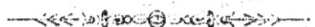

GABÉ.

78 — Renard.

Bois. — Haut., 45 c. Larg., 59 c.

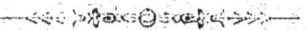

GIRARDET (KARL).

79 — Environs de Dampierre.

Toile. — Haut., 26 c. Larg., 34 c.

80 — Bords du Nil.

Toile. — Haut., 19 c. Larg., 24 c.

— 14 —

GOSSE.

81 — Clémence de Napoléon.
        Toile. — Haut., 73 c. Larg., 60 c.

82 — Justice de Charles-Quint.
        Toile. — Haut., 73 c. Larg., 60 c.

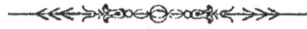

GIROUX (ACHILLE).

83 — Chevaux au vert.
        Toile. — Haut., 25 c. Larg., 39 c.

HEROULT.

84 — Marine. Effet d'orage.
        Bois. — Haut., 32 c. Larg., 45 c.

85 — Barques de pêche rentrant au port.
        Bois. — Haut., 23 c. Larg., 37 c.

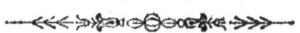

HILMACHER.

86 — Eve.
        Toile. — Haut., 70 c. Larg., 41 c.

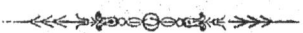

HOSTEIN.

87 — Marais de Goulaine, près Nantes.
        Toile. — Haut., 34 c. Larg., 55 c.

88 — Pâturage en Vendée.
        Toile. — Haut., 40 c. Larg., 56 c.

HOGUET.

89 — Intérieur de salle basse avec figures et nature morte.
        Bois. — Haut., 27 c. Larg., 35 c.

90 — Plage avec figures.
        Toile. — Haut., 21 c. Larg., 32 c.

91 — Marine. Côtes de Dieppe.
        Toile. — Haut., 21 c. Larg., 32 c.

92 — Port à marée basse.
        Toile. — Haut., 24 c. Larg., 36 c.

93 — Souvenir de Normandie.
        Toile. — Haut., 24 c. Larg., 19 c.

94 — Environs de Paris.
        Toile. — Haut., 17 c. Larg., 33 c.

95 — Vue de Paris. Effet du matin.
        Bois. — Haut., 21 c. Larg., 43 c.

96 — Vue de Paris. Effet du soir.
        Bois. — Haut., 21 c. Larg., 43 c.

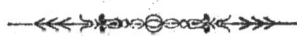

ISABEY (Eug.).

97 — Côtes d'Etretat. Retour de la pêche.
        Toile. — Haut., 62 c. Larg., 90 c.

98 — Promenade au bord de la mer. Costumes de l'époque de Louis XIII.
        Toile. — Haut., 49 c. Larg., 67 c.

99 — Marine. Temps d'orage.
        Toile. — Haut., 50 c. Larg., 73 c.

100 — Port à marée basse.
        Bois. — Haut., 74 c. Larg., 51 c.

JACQUAND.

101 — Napoléon chez l'évêque de ***

Toile. — Haut., 55 c. Larg., 45 c.

JACQUE.

102 — Paysage.

Toile. — Haut., 20 c. Larg., 28 c.

LAMBINET (Emile).

103 — Un marais des environs de Paris.

Bois. — Haut., 26 c. Larg., 34 c.

104 — Paysage.

Bois. — Haut., 56 c. Larg., 46 c.

LAMY (J.).

105 — Petite marchande de gibier.

Bois. — Haut., 24 c. Larg., 19 c.

LEPAULE.

106 — Etude de cheval.

Toile. — Haut., 31 c. Larg., 40 c.

LIES (d'Anvers).

107 — Un antiquaire.

Bois. — Haut., 34 c. Larg., 26 c.

LONGUET.

108 — Diane.
> Bois. — Haut., 40 c. Larg., 26 c.

109 — La sortie du bain.
> Toile. — Haut., 50 c. Larg., 40 c.

110 — Une nymphée.
> Bois. — Haut., 24 c. Larg., 36 c.

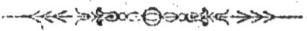

MERLE (Hugues).

111 — Vendangeurs dauphinois.
> Toile. — Haut., 106 c. Larg., 190 c.

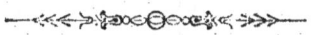

MEISSONIER.

112 — Le prophète Isaïe.
> Bois. — Haut., 34 c. Larg., 21 c.

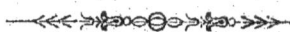

PARIS.

113 — Taureau dans une prairie.
> Bois. — Haut., 26 c. Larg., 34 c.

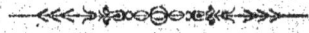

REYNAUD.

114 — Artiste dans son atelier.
> Bois. — Haut., 21 c. Larg., 17 c.

RICHOMME.

115 — Vue de Saint-Pierre de Rome, prise de la villa Pamphili.
Bois rond de 25 cent. de diamètre.

116 — Vue des casins Corsini et Valentini.
Bois rond de 25 cent. de diamètre.

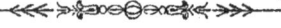

ROQUEPLAN.

117 — Vue prise à Biaritz.
Toile. — Haut., 60 c. Larg., 90 c.

118 — Femme des Pyrénées.
Bois. — Haut., 33 c. Larg., 22 c.

119 — Figures dans un parc. Costume de l'époque de Louis XIII.
Bois. — Haut., 24 c. Larg., 20 c.

ROUSSEAU (Ph.).

120 — Intérieur de salle basse avec lapins.
Bois. — Haut., 13 c. Larg., 20 c.

121 — Nature morte.
Bois. — Haut., 31 c. Larg., 23 c.

122 — Basse-cour.
Bois. — Haut., 14 c. Larg., 24 c.

SPOHLER.

123 — Paysage hollandais. Effet d'orage.
Bois. — Haut., 19 c. Larg., 25 c.

124 — Patineurs sur un canal couvert de glace.
Bois. — Haut., 19 c. Larg., 25 c.

125 — Moulin hollandais. Effet de glace.
Bois. — Haut., 18 c. Larg., 24 c.

— 19 —

TASSAERT (O.).

126 — Tentation de Saint Antoine.
    Toile. — Haut, 30 c. Larg., 22 c.

127 — Le dénicheur d'oiseaux.
    Toile. — Haut., 31 c. Larg., 25 c.

128 — Séduction.
    Toile. — Haut, 25 c. Larg., 20 c.

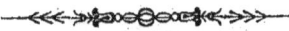

TROYON.

129 — Ferme en Normandie.
    Toile. — Haut., 32 c. Larg., 47 c.

ULYSSE.

130 — Un bouquiniste.
    Bois. — Haut., 21 c. Larg., 15 c.

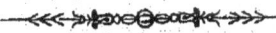

WILD (W.).

131 — Souvenir d'Orient.
    Bois. — Haut., 16 c. Larg., 27 c.

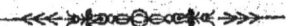

ZIEM.

132 — Vue de Venise.
    Toile. — Haut., 40 c. Larg., 60 c.

VAN-OS et BÉRANGER.

133 — Buste de l'empereur Napoléon, entouré d'une couronne de fleurs, et surmontant un bas-relief représentant le retour de l'île d'Elbe.
    Toile. — Haut., 140 c., Larg. 112 c.

MINIATURES

BLAIZE.

134 — Cinq miniatures. Portraits.

FECHNER.

135 — Portrait de Crébillon d'après Vanloo.

MANSION.

136 — Six miniatures. Portraits et études.

MUNERET.

137 — Portrait d'homme.

PETIT.

138 — Trois miniatures. Études.

SAINT.

139 — Un très beau portrait de femme, costume de l'empire.

TROISVAUX.

140 — Portrait de femme.

---

141 — Trois miniatures anciennes.

---

142 — Huit ébauches, par Blaize, Gournay et Petit.

www.ingramcontent.com/pod-product-compliance
Lightning Source LLC
Chambersburg PA
CBHW030112230526
45471CB00003B/1387